CHRISTA ROTH

DIE CHAKRA-MANDALA-MEDITATION

Eine heilsame Reise durch die Energiezentren

1. Auflage 2008

Druck: Druckerei Zabel, Radolfzell

ISBN 978-3-9811901-1-3

BERK Verlag

Mein Weg zu dieser Meditation

Während meiner Ausbildung zur Ganzheitlichen Lebensberaterin bekam ich 1990 den ersten bewussten Kontakt mit den Chakras. Das geschah in einem Reiki-Seminar.

Durch einen kinesiologischen Armtest zeigte uns der Reiki-Meister, wie wir das Energiepotential der Chakras messen können. Ich war sehr erstaunt über diese Methode und wurde, nachdem ich meine Skepsis überwunden hatte, ein begeisterter Anhänger von Reiki und der Chakralehre. Die Möglichkeit mit Reiki die Chakras zu aktivieren und damit Heilungsprozesse auszulösen, hat mich unter anderem dazu veranlasst, selbst Reiki-Meisterin zu werden.

Neben meinen Reiki-Seminaren entwickelte ich mit meiner Freundin, der Reikimeisterin Friedburg Hüllmann, die ersten Chakra-Seminare. Später verbanden wir dieses Wissen mit der Inneren-Kind-Arbeit, Symbollehre, Kinesiologie, Körper- und Energiearbeit.

Es folgten Ausbildungen im Familien- und Organisationsaufstellen, Traumdeuten, Schamanische Heilungs- und Ritualarbeit, Kristalllehre, Meditation und MET. Ich befasste mich mit Farbtherapie, Astrologie, Gestaltung von Krafträumen, Symbollehre und dem Schreiben von besinnlichen Texten. Seit 2000 gebe ich dieses Wissen auch in Selbsterfahrungs-und Ausbildungsgruppen weiter.

In der Sylvesternacht 2001auf 2002 hat sich, nach 7- jähriger Schaffenspause, mein künstlerisches Talent wieder entfaltet.

In dieser Nacht entstand mein erstes Mandala.

Die Idee zu dieser Chakra-Mandala-Meditation kam mir während einer 7-wöchigen Ausstellung meiner Mandalas im Frühjahr 2007.

Von meinen 35 Bildern wirkten ganz besonders die 13 Chakra-Mandalas auf die Besucher. Auch Menschen, die sich vorher noch nie mit Mandalas oder den Kräften von Symbolen und Farben beschäftigt hatten, waren sehr interessiert und stellten positive Veränderungen an sich fest. Sie entspannten sich, fühlten sich gut durchblutet und kraftvoll, wurden ruhig, fröhlich, offen und gesprächig. Einige kamen mehrmals in die Ausstellung, um die anregenden Energien aufzunehmen. Selbst ich war erstaunt über das große Interesse und die starke Wirkung. Angeregt durch diese Erfahrungen schrieb ich für den letzten Ausstellungstag Meditationstexte für das 1. und 2. Chakra. Eine Gruppe von 14 Personen nahm an der Meditation teil.

Die Texte in Verbindung mit den Chakra-Mandalas wirkten so intensiv auf diese Gruppe, dass ich beschloss, diese Meditationsform weiterzuentwickeln und als Meditationsfibel zu veröffentlichen.

Christa Roth, November 2007

Mandalas und Meditation

Mandala bedeutet Kreis. Es ist ein symbolisches Gebilde mit einem Mittelpunkt. Ursprünglich wurde es zu religiösen Zwecken benutzt, wird aber seit vielen Jahren auch in der Psychotherapie eingesetzt.

Man findet Mandalas im Buddhismus, Hinduismus und in indianischen Kulturkreisen. Aber auch im Christentum sind wunderschöne Mandalas zu finden. In den Kirchen schauen sie uns von den Fenstern, Wänden oder Fußböden beim Beten zu.

Die Vorlagen dieser Kunstwerke liefert die Natur. Schauen Sie sich nur einmal die Blumen an, sie zeigen uns die allerschönsten Mandalas. Ebenso finden wir in unserem Körper Mandalas. Wenn Sie sich tief in die Augen sehen, entdecken Sie das Iris-Mandala.

Buddhistische Mönche entwickelten aus dem Mandalamalen eine Meditationsform. Sie malen Mandalas, um die geistige Konzentration zu vertiefen. Ihr Werkstoff ist farbiger Sand. Nach Fertigstellung wird, um die Vergänglichkeit der Materie zu demonstrieren, der Sand weggewischt oder zusammengefegt und ins Meer gegeben.

Meine Mandalas bleiben so lange, wie das Papier hält. Gestaltet sind sie mit farbigen Pinselmalern, Goldstiften und Glimmer und enthalten kraftvolle Symbole aus allen Kulturen sowie aus Astrologie und Geometrie. Der aufmerksame Beobachter entdeckt Pentagramme, Hexagramme, Lemniskaten, verschiedene Kreuzformen und andere Symbole. Ich male überwiegend intuitiv, das heißt, ich stelle mich auf ein Chakra ein und vertraue auf mein gespeichertes Wissen.

Genau genommen sind unsere Chakras auch Mandalas, die sich zusätzlich drehen. Da liegt es doch nahe, beides miteinander zu verbinden und mit weisen Worten abzurunden.

So entstand diese Chakra-Mandala-Meditation. Diese fast stille Meditation ist ein guter Einstieg für Anfänger und bietet den Geübten neue unbegrenzte Möglichkeiten.

Meditieren kann jeder, es ist das völlige Einlassen auf den Augenblick.

Die Originale haben einen Durchmesser von 48 cm und wurden von mir unter dem Künstlernamen „Christa von der Mühle" gestaltet.

KLEINE CHAKRA-LEHRE

Da über die Chakras schon eine Vielzahl von guten Büchern geschrieben wurde, möchte ich nur ein paar Worte zu den Energiezentren sagen.

Chakras sind die Kraftzentren des menschlichen Körpers und sie wirken auf Körper, Geist und Seele. Das Wort Chakra kommt aus dem Sanskrit und heißt übersetzt „Schwingendes Rad". Sie sind in einer ständigen rechts- oder linksdrehenden Bewegung. In alten Schriften werden insgesamt 88.000 Chakras erwähnt.

Ich habe sie bisher nicht gezählt und nach meinen Erfahrungen glaube ich, dass für diese Meditation die sieben Hauptchakras vollkommen ausreichen. Wenn sie aktiviert sind, werden die anderen Chakras mit angeregt, die Lebensenergie kommt in Fluss und die Heilung kann eintreten. Der Energiefluss des Menschen ist von unten nach oben aufsteigend.

Aus der abgebildeten Grafik können Sie ersehen, wo sich die sieben Hauptchakras befinden.

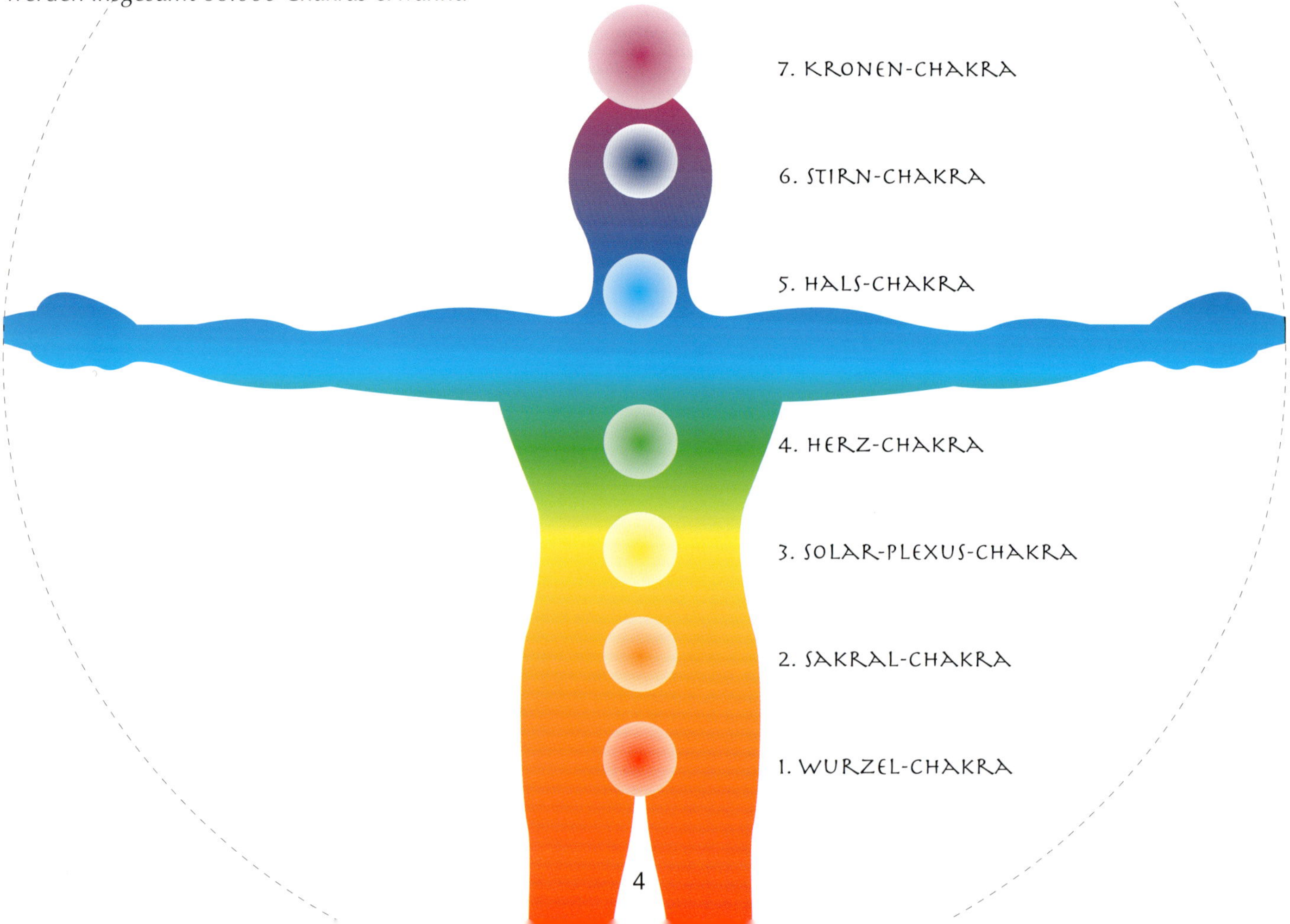

CHAKRA-THEMEN

*Damit Sie nun effektiv mit dieser Meditation arbeiten können,
finden Sie hier Stichworte zu den Chakra-Themen.
Es ist gut, diese Informationen mit dem Geist aufzunehmen,
aber erst durch das Lesen der Meditationstexte werden Sie das Wissen ganzheitlich begreifen.*

1. Wurzel-Chakra *Element: Erde Farbe: Rot,*
Ursprüngliche Lebensenergie. Geburt, JA zum Leben, Urvertrauen, Beziehung zur Mutter Erde, sexuelle Kraft, Kampf, Stabilität, Geld, Besitz. Mut, Kraft, Struktur, Körper, Zellaufbau, Zähne, Knochen, Kreislauf. Riechen.
Alltagsbeispiel:
*Arbeit im Rotlichtmilieu. Krieg / Wiederaufbau.
Bauer bestellt Acker.*

2. Sakral-Chakra *Element: Wasser Farbe: Orange,*
Ursprüngliche Gefühle. Sinnlichkeit, Erotik, Spontaneität, Kreativität, Inneres Kind, Harmonie, Polarität, Vereinigung, Partnerschaft, Fortpflanzungsorgane, Nieren, Blase, Blut, Sperma, Verdauungssäfte. Schmecken.
Alltagsbeispiel:
Hören und Lesen von Märchen. Mann und Frau beim Liebesspiel.

3. Solar-Plexus-Chakra *Element: Feuer Farbe: Gelb*
Entfaltung der Persönlichkeit. Verarbeitung von Gefühlen und Erlebnissen, Macht, Kraft, Persönlicher Ausdruck und Ausstrahlung, Führer, Großzügigkeit, vegetatives Nervensystem, Magen, Leber, unterer Rücken. Sehen.
Alltagsbeispiel:
Schauspieler steht im Rampenlicht. Ludwig der Sonnenkönig.

4. Herz-Chakra *Element: Luft Farbe: Grün und Rosa*
Bedingungslose Liebe. Mitempfinden, Liebe geben und nehmen, Hingabe, Heilung, bedingungslose Liebe, Tor zur Seele, Selbstlosigkeit, Herz, Brustkorb, unterer Lungenbereich, Blut, Haut, Hände, Thymusdrüse. Fühlen.
Alltagsbeispiel:
*Reiki geben und nehmen. Einer sozialen Einrichtung dienen.
Tröstende Worte sprechen.*

5. Hals-Chakra *Element: Äther Farbe: Himmelblau*
Kommunikation und Inspiration. Freiheit, Zugang zu den feinstofflichen Ebenen und zur inneren Stimme, kreative Kommunikation im Einklang mit Gefühl und Verstand. Schilddrüse, Lunge, Kehle, Kiefer, Mandeln. Hören.
Alltagsbeispiel:
*Gedichte Lesung. Interessantes Referat halten.
Zwei Männer sprechen über ihre Gefühle.*

6. Stirn-Chakra *Farbe: Indigoblau, Violett, Gelb*
Erkenntnisfunktion. Entwicklung der inneren Sinne, Intuition, Arbeit mit inneren Bildern, Klarheit, Willensprojektion. Gesicht, Augen, Nasennebenhöhlen, Kleinhirn, Ohren, Hypophyse. Alle Sinne.
Alltagsbeispiel: *Die Zeichen in den Träumen verstehen und umsetzen. Ich denke an meine Freundin und sie ruft an.*

7. Kronen-Chakra *Farbe: Violett, Gold, Weiß*
Vollendung des Seins. Universelles Bewusstsein, All-Eins-Sein, Verbindung mit dem höheren Selbst, der innere und äußere Kosmos sind eins, Göttliche Führung, Licht und Liebe ausstrahlen. Großhirn, Schädeldecke, Zirbeldrüse.
Alltagsbeispiel:
Eine Frau sitzt selbstvergessen in einem Gotteshaus und singt Mantras und strahlt, andächtig versammeln sich Menschen um sie herum.

Beispiele

für Chakra-Themen

1. Beispiel:

Sie wollen Ihren Job wechseln und haben ein Vorstellungsgespräch. Das erfordert Mut, Willen, Standhaftigkeit und Durchsetzungsfähigkeit, Sicherheit. = 1. Chakra.
Außerdem sollen Ihre persönlichen Stärken und ihre Ausstrahlung zur Geltung kommen. = 3. Chakra
Nun brauchen Sie noch Verhandlungsgeschick und eine überzeugende Kommunikation. = 5. Chakra.

2. Beispiel:

Sie fühlen sich niedergeschlagen, traurig oder von Ihren Gefühlen abgeschnitten. Sie möchten gern erotisch wirken, Kontakt zu Ihrem inneren Kind haben oder kreativer sein. Schmerzen bei Ihrer Menstruation. = 2. Chakra

3. Beispiel:

Sie fühlen sich kopflastig. Sie haben Kopfschmerzen. Ihre Gedanken sind unruhig oder negativ. Sie möchten Kontakt zu Ihrer Intuition. Ihr Leben erscheint Ihnen zu chaotisch. = 6. Chakra

4. Beispiel:

Ihr Herz ist unruhig. Sie wollen gern verzeihen oder wieder Liebe spüren. Sie möchten nicht länger richten und urteilen sondern sich und andere bedingungslos lieben. Sie haben gerade eine schmerzhafte Trennung hinter sich. Sie möchten Ihre Heilungsenergie wecken. = 4. Chakra

5. Beispiel:

Sie haben kalte Füße. Sie können sich nicht entscheiden. Sie haben Angst vor Auseinandersetzungen. Sie fühlen sich kraftlos. Sie müssen sich in großen Menschenmassen aufhalten. Sie haben einen Ortswechsel vor oder hinter sich. = 1. Chakra

6. Beispiel:

Sie fühlen sich allein und möchten sich EINS fühlen. Sie möchten Kontakt mit der göttlichen Liebe und Kontakte zu anderen Dimensionen. Sie wünschen sich, die Stille aushalten zu können. Sie möchten Licht, Liebe und Heilung ausstrahlen. = 7. Chakra

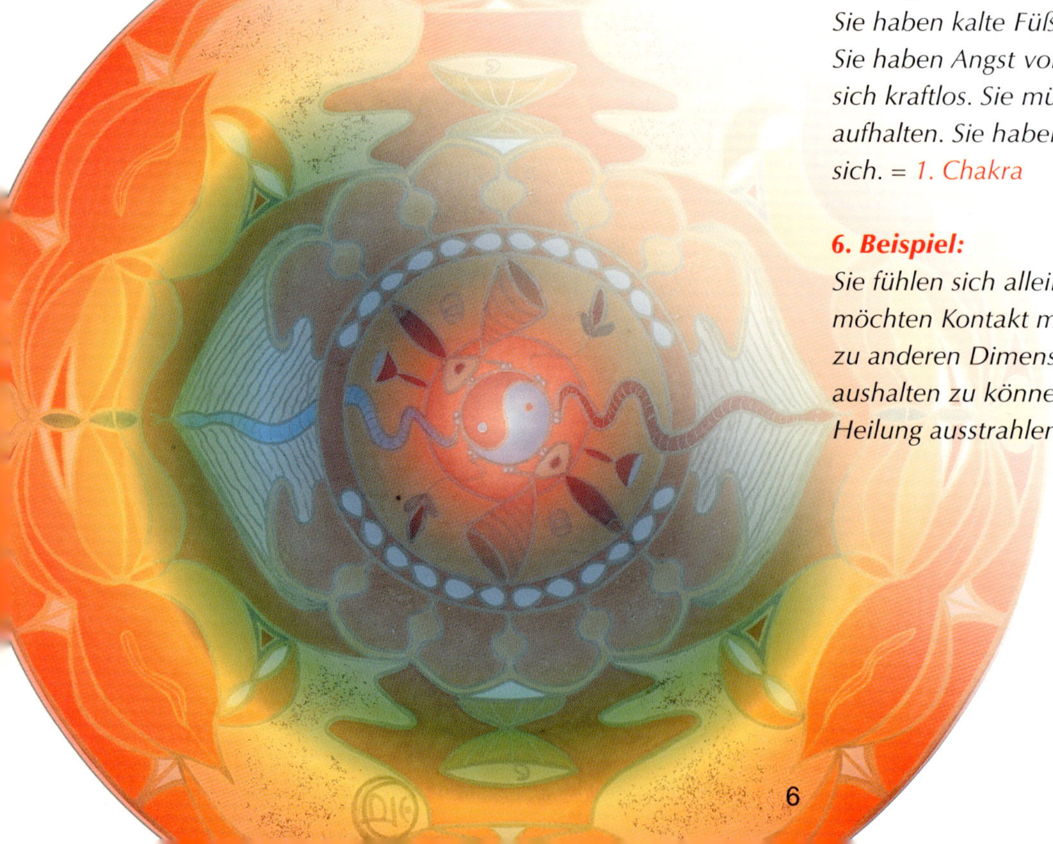

BEISPIELE

für Chakra-Themen

7. Beispiel:

Sie möchten erkennen, warum Sie immer wieder die gleichen Schwierigkeiten haben. Sie möchten die für Sie perfekte Wohnung, den für Sie perfekten Job oder Lebenspartner finden. Ihre Gedanken sind unklar. Sie haben eine Prüfung vor sich. = 6. Chakra

8. Beispiel:

Sie sind ständig erkältet oder leiden unter Allergien. Sie haben Schwierigkeiten, Ihre Gefühle und/oder Gedanken auszudrücken. Sie haben Halsschmerzen. Sie haben Angst zu singen oder vor einer Gruppe zu sprechen. = 5. Chakra

9. Beispiel:

Sie haben viele Ideen, können sie aber nicht in die Tat umsetzen. Sie haben kalte Füße und einen heißen Kopf. Sie fühlen sich verwirrt und nicht richtig geerdet. Sie haben häufig Migräne. = 1. und 6. Chakra

10. Beispiel:

Sie haben Schwierigkeiten mit der Sexualität. Sie können nicht vertrauen. Sie sind häufig krank. Ihr Leben erscheint Ihnen nutzlos. Sie haben Angst vor dem Leben/Tod. = 1. Chakra

11. Beispiel:

Sie möchten Reichtum und Fülle. Ihre Fähigkeiten/Eigenarten ausleben, Ihre Opferrolle gegen Verantwortung und Selbständigkeit tauschen. Sie wollen Ihre Persönlichkeit finden. Körperlich: Ihre Mitte stärken: Leber, Magen, Milz, Bauchspeicheldrüse. = 3. Chakra

12. Beispiel:

Sie möchten gern schwanger werden oder die Sexualität in iIhrer Partnerschaft beleben. Sie haben häufig Blasen- oder andere Unterleibsbeschwerden. Ihr Lebenswille ist schwach. Das Vertrauen auf Ihre Bauchgefühle ist gering. = 1. und 2. Chakra

13. Beispiel:

Sie leiden unter Stottern, Halskratzen oder Ihnen bleibt häufig das Wort im Halse stecken. Sie reden zu schnell und zuviel. Sie können schlecht zuhören. Ihr Sprachausdruck soll kreativer werden. Sie möchten besser verhandeln können. = 5. Chakra

ERFAHRUNGSBERICHTE

MIT DER CHAKRA-MANDALA-MEDITATION

Andreas:
Erinnerung an die eigene Geburt, verbunden mit befreiender Weite. Das Gefühl von Befreiung und Dankbarkeit blieb tagelang. (Geburt war schwer und bedrohlich)

Magda:
Mein Körper fing an zu kribbeln, mir wurde warm und ich erinnerte mich an meine Vergangenheit, spürte kurz Wut auf meinen Vater, dann Erleichterung. Danach war ich die ganze Woche kraftvoll und in guter Stimmung.

Anna:
Zuerst kribbelten meine Hände, dann der ganze Körper, mir wurde warm, meine Stimmung wurde gut und blieb tagelang so.

Elsa:
Ich konnte besser sehen, wurde fröhlich und fühlte mich eine gute Woche danach noch kräftig und leicht.

Ilse:
Ich fühlte mich dabei am ganzen Körper warm und leicht und war tagelang danach noch guter Dinge und kraftvoll. Träumte in der Zeit sehr intensiv, fühle mich seitdem erleichtert.

Ulli:
Vor der Meditation fühlte ich mich depressiv, mein Körper war schwer und meine Atmung angespannt. Danach fühlte ich eine wunderbare Leichtigkeit auf allen Ebenen.

Vera:
Während der Herz-Chakra-Meditation fing mein Herz stark an zu schlagen, beruhigte sich jedoch nach kurzer Zeit, und ich hatte das Gefühl, es wird ganz weich und weit. Ich spürte eine unendliche Liebe in mir. Vor Glück weinte ich.

Frank:
Als mir beim 3. Chakra plötzlich bewusst wurde, dass ich selbst Macht habe, verlor ich die Angst vor meinem Chef. Ich fühlte mich danach kraftvoll wie nie zuvor.

Chris:
Am meisten hat mich die Meditation mit dem siebten Chakra beeindruckt. Das Wissen, selbst zu bestimmen, wohin ich meine Energie leite, hat mich unendlich befreit. Ich bin mit einem großen Glücksgefühl nach Hause gefahren.

Gebrauchsanweisung

Nachdem Sie die vorherigen Seiten gelesen und die zweite Seite dieser Gebrauchsanweisung umgeschlagen haben, beginnt die Chakra-Mandala-Meditation.

Sie können das Buch auf den Tisch stellen, legen oder an die Wand hängen. Dabei haben Sie die Wahl, ob der Text oder das Mandala sichtbar sein soll. Die größere Wirkung hat das Mandala, denn es bringt durch die Farben und Symbole die gewünschten Schwingungen in den Raum.

In welcher Reihenfolge sollen die Chakras aktiviert werden?

Da die Lebensenergie des Menschen von unten nach oben aufsteigt, also vom ersten bis zum siebten Chakra, ist es anfangs sinnvoll, mit dem ersten Chakra-Mandala zu beginnen. So können sie feststellen, wie Sie auf die verschiedenen Energien reagieren, und dann anschließend bestimmen, wie sie weiter verfahren möchten.
Sie können intuitiv wählen oder ganz bewusst für bestimmte Anlässe die Chakra-Energie aktivieren. Falls Sie dafür noch Anregungen benötigen, schlagen Sie nochmals die Seiten 5 bis 8 auf.

Wie Sie am besten meditieren

Betrachten Sie das Chakra-Mandala eine Weile konzentriert, aber entspannt, danach schließen Sie Ihre Augen. Anschließend öffnen Sie Ihre Augen und schauen wieder auf das Mandala. Das können Sie mehrfach wiederholen. Lassen Sie die Schwingungen einfach auf sich wirken oder stellen Sie sich vor, wie die Farben und Symbole von Ihrem Chakra aufgenommen werden und Ihre Lebensenergie aktiviert wird. Wenn Sie die Energien in bestimmten Regionen visualisieren möchten, erhöht das die Wirkung. Anschließend drehen Sie das Buch um und lesen den Meditationstext, langsam und möglichst hörbar. Auch das können Sie mehrfach tun.

Danach schließen Sie noch eine Weile die Augen und spüren in sich hinein. Die Meditation sollte pro Chakra, wenn Sie Bild und Text einsetzen wollen, mindestens 10 Minuten dauern. Selbstverständlich können Sie auch mit dem Text beginnen. Wenn Sie Ihren Bedürfnissen folgen, finden Sie bestimmt Ihren optimalen Meditationsrhythmus.

GEBRAUCHSANWEISUNG

Wann und wo?

Die Chakra-Mandala-Meditation ist ganz individuell, unabhängig von Ort und Zeit einsetzbar.

Beispiele: *Sie sitzen in der Bahn und möchten sich für Ihren Vortrag vorbereiten (3. + 5. Chakra).*

Sie haben eine müde Phase im Büro (1.Chakra).

Sie sind noch zu Hause, haben einen langen Tag vor sich und möchten fit sein (1.- 7. Chakra).

Abends im Bett können Sie nicht einschlafen (4. + 6. Chakra).

Morgens sind Sie noch müde oder in Ihren Träumen gefangen (1. u. evtl. auch + 2. Chakra).

Was geschieht?

Das kann ich Ihnen nicht vorhersagen. Auf alle Fälle entspannen Sie sich und Ihre Lebensenergie wird aktiviert.

Je länger und je öfter Sie meditieren, desto wirkungsvoller und tiefer werden Ihre Erfahrungen sein.

Falls Sie diese Meditationsform gern unter meiner Anleitung mit der starken Energie einer Gruppe erleben möchten, melden Sie sich einfach für ein Wochenendseminar an.

Ich wünsche Ihnen auf Ihrem Meditationsweg Heilung, Licht und Freude.

Ihre Christa Roth

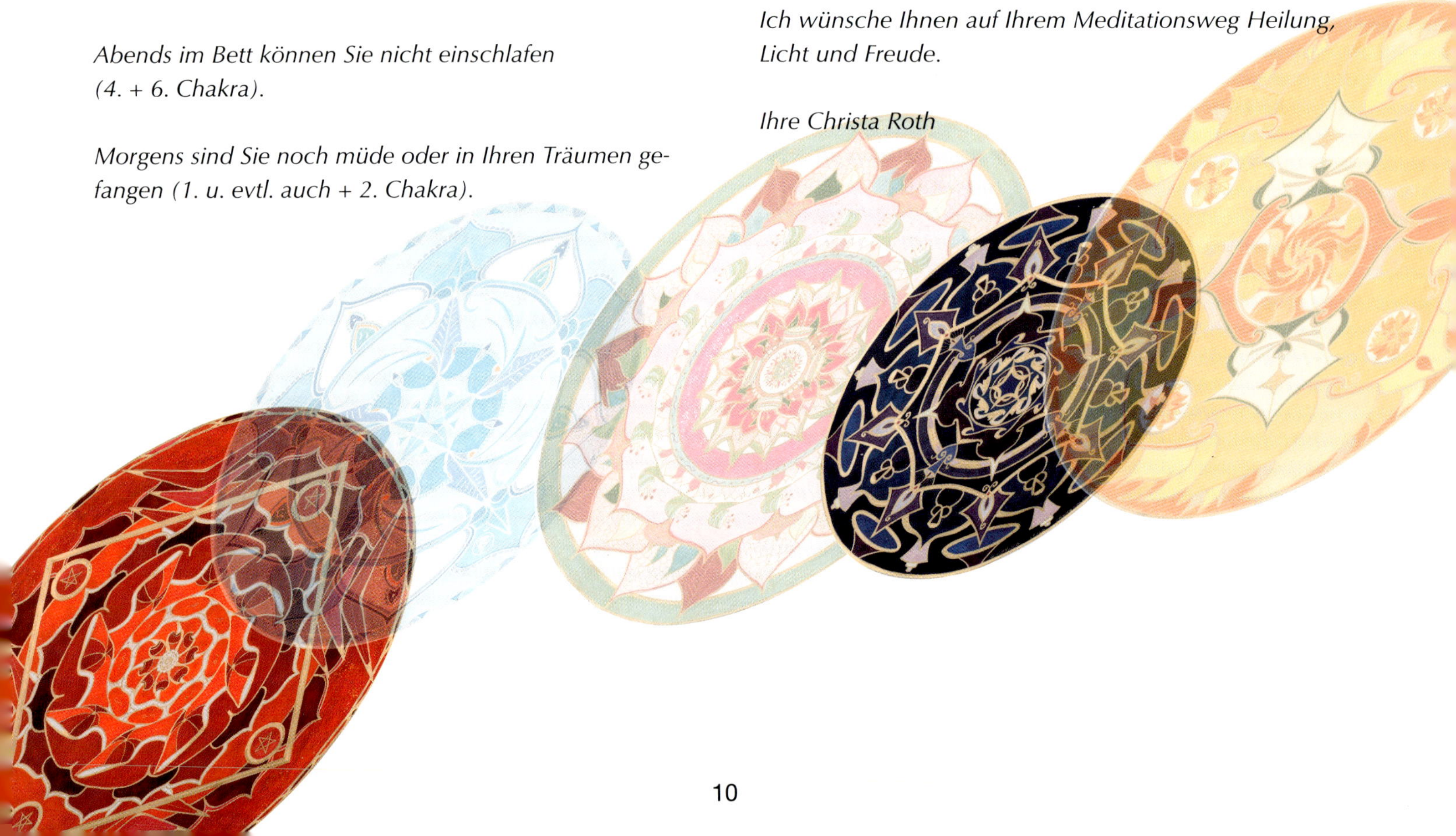

Jetzt beginnt die Chakra-Mandala-Meditation

1. WURZEL-CHAKRA

Ja zum Leben auf Mutter Erde

Ja, Mutter Erde, ich will, ich will leben.
Ich will hier und jetzt mein Leben dankbar nehmen.
Ich will auf, in und mit dir leben, Mutter Erde, dich achten, lieben und mich mit deiner roten Erdenkraft verbinden.

Ich will meinem Geist und meiner Seele, in diesem Körper, ein sicheres und liebevolles Zuhause geben.

Ich will meine Eltern so nehmen, wie sie sich mir zur Verfügung stellen, sie als meine Lehrer achten, ihnen liebend begegnen und für den Mut danken, mir in dieser Zeit das Leben zu schenken.

Ich will die Wurzeln meiner Füße tief in dir vergraben, damit ich Halt finde und mich von deinen Schätzen, Mutter Erde, nähren kann.

Mit meinen Zähnen werde ich deine Nahrung zerkleinern, sie in mir aufnehmen, verdauen und den Rest wieder an dich zurückgeben.

Ich will meinen Körper entwickeln, meine Knochen fest werden lassen, meine Wirbelsäule aufrichten, um meine Stabilität zu spüren, und durch meinen Körper greifbar erfahren, was Grenzen sind.

Ich will deine fruchtbare Vielfalt verantwortungsvoll nutzen, deine Äcker bepflanzen, deine Gaben hegen, sie mehren und mich für die Beständigkeit deines unendlichen Reichtums tatkräftig einsetzen.

Ich will mich dir anvertrauen, Mutter Erde, mich von dir tragen lassen, die Erfahrungen, die sich mir bieten, mutig ausprobieren und Fruchtbares in mein Leben integrieren.

Ich will dein leuchtendes Feuer, Mutter Erde, in mir aufnehmen, meine Lebensenergie aktivieren, das Blut in den Adern pulsieren lassen und durch meine sexuelle Kraft das Leben weitergeben.

Ich will eine Familie gründen, ihr ein geborgenes und sicheres Zuhause geben, sie nähren und meine Kinder das lehren, was sie brauchen, um ihren eigenen Lebensweg vertrauensvoll zu gehen.

Ich will mich dem Kreislauf des Lebens hingeben, und wenn die Zeit reif ist, dieses Leben dankbar loslassen, eine Weile in deinem Schoß ruhen, Mutter Erde, um für das nächste Leben bereit zu sein.
Ich will.

1. WURZEL-CHAKRA

Ja zum Leben auf Mutter Erde

2. SAKRAL-CHAKRA

Die Gefühlswelt, schöpferische Fortpflanzung

Mein Ja zu diesem Leben und das Erkunden der materiellen Welt geben mir die Sicherheit, mich auf meine Gefühle einzulassen.

Gefühle sind wie unzählige Wassertropfen, die in einer sprudelnden Quelle zu Hause sind.

Diese Lebensquelle wird durch das Ausleben meiner Gefühle gespeist, sie mehrt sich zu einem Bach und folgt dann dem Fluss des Lebens, um sich im großen Meer der Gefühle mit anderen zu vereinen.

Das Meer ist voller Überraschungen, es trägt mich in und durch meine Gefühlswelten, und je mehr ich fließe, je tiefer ich hineintauche, desto mehr werden meine Sinne sensibilisiert. Durch sie kann ich diese schöne Welt riechen, schmecken, hören, sehen und ertasten.

Angeregt durch Farben, Formen, Klänge, Düfte und Gaumenfreuden wird meine Kreativität geweckt und ich erfreue mich an der Vielfalt der Gestaltungsmöglichkeiten.

Tanzend und spielerisch gebe ich mich mit kindlicher Begeisterung dem Leben hin, tausche mich mit anderen Lebewesen aus, treffe meine Entscheidungen aus dem Bauch heraus und bin stets bereit, sie spontan wieder zu verändern.

Ich spüre die Säfte meines Körpers, durch sie kann ich die Nahrung verdauen, mich reinigen, sie lösen Erstarrtes, fördern die Fruchtbarkeit und bringen mich immer wieder in den Fluss des Lebens.

Meine Sinnlichkeit entwickelt sich ständig weiter, es eröffnet sich mir eine neue Gefühlswelt, die Erotik. Sie sucht spielerisch und lockend den Kontakt zum anderen Geschlecht.

Durch diese Hinwendung reift meine sinnliche Triebkraft, und wenn mein Gegenüber und ich uns als Liebesquelle empfinden, gelingt durch den Tanz der männlichen und weiblichen Energien die schöpferische Vereinigung.

Diese sinnliche Schöpferkraft beflügelt meine Gefühlswelt, fördert die Kreativität auf allen Ebenen, lässt mich eins sein mit der gesamten Natur und bringt neues Leben hervor.
Ich fühle.

2. Sakral-Chakra

Die Gefühlswelt – schöpferische Fortpflanzung

3. SOLARPLEXUS-CHAKRA

Entfaltung der Persönlichkeit, Macht

Meine bisherigen Lebenserfahrungen, die Beziehung zu Mutter Erde, die Erfahrungen meiner Körperlichkeit, der Kontakt zu meiner Familie und anderen Lebewesen haben mich geprägt.

Die Entwicklung meiner Gefühlswelt, meiner Kreativität und Sinnlichkeit sowie die Begegnung mit dem anderen Geschlecht lassen mich zu einer erwachsenen Persönlichkeit heranreifen.

Ich bin jetzt in der Lage, in das Meer der Gefühle zu tauchen und sie zu genießen. Gleichzeitig kann ich meinen Verstand sinnvoll einsetzen und auf meine ganz eigene Art und Weise mein Leben gestalten.

Ich bin mir meiner Macht bewusst, gehe verantwortungsvoll mit den Lebewesen dieser Welt um und kann mich auf andere Menschen gefühlvoll einstellen, ohne meine eigene Identität zu verlieren.

Ich lebe alle Facetten meines Seins. Meine Talente gebe ich begeistert und ausdrucksvoll in die Öffentlichkeit, freue mich über die Anerkennung und bin stets bereit, Neues in mein Leben zu integrieren.

Ich habe die Kraft meiner Mitte gefunden und bin erfolgreich in meinem Tun. Durch meine persönliche Ausstrahlung erreiche ich andere Personen und tausche mich mit ihnen angeregt aus.

Mit meinem Feuer kann ich die Menschen begeistern, ihnen ein positives Lebensbild vermitteln, sie lehren, sich für ihre Ideale einzusetzen, und ihnen Wege zu ihren Zielen weisen.

Ich achte die natürlichen Gesetzmäßigkeiten, respektiere die Eigenarten anderer Erdenbürger, gehe achtsam mit ihnen um und unterstütze sie bei ihrer Persönlichkeitsentwicklung.

Durch meinen Solarplexus spüre ich die Schwingungen anderer Menschen. Positive Energie nehme ich auf und negative erreicht mich nicht, da mein eigenes kraftvolles Licht mich schützend umhüllt.

Ich bin mit mir und meiner Umwelt zufrieden, strahle Kraft, Freude und Zuversicht aus. Ich lebe in dem Bewusstsein, dass Fülle und Glück mein selbstverständliches Geburtsrecht sind.
Ich bin mächtig.

3. Solarplexus-Chakra

Entfaltung der Persönlichkeit, Macht

4. HERZ-CHAKRA

Bedingungslose Liebe, Hingabe, Mitgefühl

Nach der Entwicklung meiner Persönlichkeit öffne ich mich jetzt der bedingungslosen Liebe, die in meinem Herz-Chakra auf mich wartet.

Immer mehr liebe ich mich so wie ich bin. Körper, Geist und Seele betrachte ich mit Wohlwollen und nehme sie in ihrem jetzigen Entwicklungsstand liebevoll in mein Herz auf.

Wenn mich Zweifel plagen oder ich Hilfe und Heilung benötige, begebe ich mich in die Arme meiner Vertrauten und nehme ihre Unterstützung dankbar an.

Mein Herz fühlt sich warm und weit an. Alles in ihm hat einen guten Platz. Besonders meine Kinder, mein Partner, meine Eltern und Freunde dürfen sich von meiner Herzenswärme nähren.

Mit lächelndem Herzen schaue ich den Menschen bei ihren Erfahrungen zu, und wenn sie aus meiner Sicht Fehler machen, verurteile ich sie nicht, sondern lasse sie nach ihrer Art leben.

Ich bin berührt von dem Schicksal meiner Mitmenschen, gebe ihnen, wenn sie es wünschen, mein Mitgefühl, spende Trost und unterstütze sie behutsam und liebevoll eine Weile auf ihrem Lebensweg.

Durch Gebete und die Hinwendung zur bedingungslosen Liebe öffnet sich in meinem Herzen das Tor zur göttlichen Heilungsfähigkeit. In mir entwickelt sich eine beständige, liebevolle Heilquelle.

Diese Heilungsenergie nutze ich für mich auf allen Ebenen und gebe sie über meine Hände den Menschen, die mich darum bitten. Auch den Tieren und Pflanzen stelle ich sie gern zur Verfügung.

Ich fühle mich reich beschenkt, friedvoll mit allen Lebewesen verbunden und lasse meine Gedanken und Handlungen Achtung, Hingabe, Heilung und Liebe ausdrücken.

Mit Mutter Erde und Vater Himmel bin ich liebend verbunden.

Ich erkenne die Liebe Gottes in allem, was ist, und bin dankbar für die Gnade, dieses Leben mit liebendem Herzen leben zu dürfen.
Ich liebe.

4. HERZ-CHAKRA

Bedingungslose Liebe, Hingabe, Mitgefühl

5. HALS-CHAKRA

Kommunikation und kreativer Selbstausdruck

Als ausgereifte Persönlichkeit, mit einem liebenden Herzen, bin ich jetzt bereit, auch mit den feineren Ebenen des Seins zu kommunizieren.

Ich probiere meine Stimme aus, versuche mich in Redeübungen, im Dichten und Gesang, lasse meine vielseitigen Stimmungen geräuschvoll zu und finde meinen individuellen Sprachausdruck.

Durch die Berührung mit Obertongesang und Musik kann ich in mir heilsame Klänge erzeugen. So bin ich in der Lage, blockierte Energien zu lösen und Verstimmungen in gute Stimmung zu wandeln.

Ich übe mich im Verhandeln und im Kombinieren von Ansichten, beachte dabei Gestik und Mimik, reflektiere mich selbst und nutze die Sprache, um bei Meinungsverschiedenheiten zu vermitteln.

Ich höre meinen Mitmenschen zu, lasse ihre Meinung gelten, verwerte das, was meiner Wahrheit entspricht, kann aber ebenso „Nein" sagen und unbeeinflusst meine eigenen Ansichten vertreten.

Ich fühle mich frei von inneren und äußeren Begrenzungen, meine Kommunikation mit meinen Mitmenschen ist offen, wahrhaftig, fantasievoll und im Einklang mit Gefühl und Verstand.

Meditation und Gebet vermitteln mir den Zugang zu meiner inneren Stimme. Vertrauensvoll lasse ich mich von ihr führen und kombiniere die Informationen von Bewusstem und Unbewusstem.

Durch meine innere Weite kann ich mit Wesen aus anderen Daseinsbereichen Kontakt aufnehmen, lasse mich von ihnen inspirieren und gebe meine Erkenntnisse sinnvoll an meine Mitmenschen weiter.

Immer mehr reflektiere ich mich selbst, erkenne die Unterschiede der geistigen, körperlichen, emotionalen und feinstofflichen Ebenen. Meine Gedanken werden unabhängig von meinen Gefühlen.

Ich vertraue meiner persönlichen höheren Führung, fühle mich vollkommen und integer und erkenne meine Lebensrolle in dem großen kosmischen Spiel.
Ich kommuniziere.

5. HALS-CHAKRA

Kommunikation und kreativer Selbstausdruck

6. STIRN-CHAKRA

Auge der Erkenntnis, Intuition, Klarheit

Mein geöffnetes Herz-Chakra, meine wahrhaftige Kommunikation und der Kontakt zu den feinstofflichen Schwingungen ermöglichen es mir nun, mich den höheren Geisteskräften zuzuwenden.

Diese Möglichkeiten bietet mir mein 6. Chakra, das so genannte dritte Auge, der Sitz der Intuition, des rationalen klaren Denkens, der Visualisierung und der übersinnlichen Wahrnehmung.

Ich suche die Stille und den Rückzug, finde sie in der Natur, der Meditation und dem Alleinsein. Mutig begegne ich meinen unruhigen Gedanken, Ängsten, Zweifeln und meinem Einsamkeitsgefühl.

Durch regelmäßiges Meditieren wird mein Geist ruhig. Ich erkenne störende Gedankenmuster und emotionale Blockaden und kläre, welche meine eigenen sind und welche ich durch andere Menschen aufnehme.

Durch Gebete, Visualisierung, Rituale und Energiearbeit bin ich in der Lage, mich von blockierenden Lebenssituationen, Orten und Menschen aus der Vergangenheit und Gegenwart loszulösen.

Mein Denken wird immer klarer, fantasievoller und ganzheitlicher. Durch meine Gedankenkraft kann ich meine bisher gelebte Realität verändern und in Verbindung mit meinem Herz-Chakra Heilungsenergie aussenden.

Vertrauensvoll folge ich meiner Intuition und der göttlichen Inspiration. Meine Fähigkeiten zur Hellsichtigkeit, Hellhörig- und Hellfühligkeit integriere ich sinnvoll in mein tägliches Leben.

Kontakte und Botschaften aus anderen Daseinsbereichen erhalte ich durch Träume, Meditation und spontane Eingebungen. Ich erkenne auf allen Ebenen, wer ich bin und welche Erfahrungen meine Seele für dieses Leben gewählt hat.

Mit tiefer Ehrfurcht schaue ich auf die unendlichen Möglichkeiten der Schöpfung. Ich finde meinen optimalen Platz in diesem großen göttlichen Spiel und diene mit meinen Fähigkeiten dem Wohle aller Lebewesen.
Ich erkenne.

6. STIRN-CHAKRA

Auge der Erkenntnis, Intuition, Klarheit

7. Kronen-Chakra

Vollendung, universelles Bewusstsein

Nachdem ich meine sechs unteren Chakras aktiviert und harmonisiert habe, öffnet sich ohne mein Zutun das Kronen-Chakra wie ein großer Kelch des universellen Lichts und der göttlichen Liebe.

Mehr und mehr verliere ich meine Begrenzungen und fühle ich mich verbunden mit allem, was ist. Ich bin die Kraft von Mutter Erde, fließe mit den Wellen des Wassers, brenne in den Flammen des Feuers und fliege mit der Leichtigkeit der Luft.

Ich fühle mich verbunden mit den Würmern, die in der Erde kriechen, den Fischen, die im Wasser schwimmen, den Hölzern, die im Feuer brennen, den Vögeln, die durch die Lüfte schweben, und den Menschen, die meinen Lebensweg begleiten.

Ich bin das feuchte Gras unter meinen Füßen, das wilde Pferd, auf dem ich sitze, der treue Hund an meiner Leine, die verschmuste Katze auf meinem Schoß, der Vogel, nach dem ich schaue, und der Mensch, dem ich vertraue.

Ich verschmelze mit meinem Partner im sexuellen Liebesrausch, bin die Liebe, bin die Lust, bin mein Partner, bin sein und mein Körper, sein und mein Gefühl, seine und meine Aura sind eins.

Ich höre meinem Körper zu, spreche mit meinen Organen, erkenne meinen Geist mit seinen vielfältigen Kreationen, folge meinen Herzgefühlen und nehme die Erfahrungen meiner Seele dankbar an.

Mein innerer und mein äußerer Kosmos sind eins.

Ich begreife, dass alles im Universum zur Verfügung steht, was je ein Lebewesen gedacht oder getan hat. Krieg und Frieden, Liebe und Hass, Krankheit und Gesundheit, Leben und Tod, Mut und Angst, Zweifel und Vertrauen, Freude und Trauer, Freiheit und Gefangenschaft, Fülle und Armut, Licht und Schatten.

Ich erkenne das universelle Gesetz: Alles, was ist, will wachsen. Welches Wachstum ich mit meinem Licht unterstützen will, entscheide ich, denn Gottes größtes Geschenk ist der freie Wille.

Demütig und glücklich verneige ich mich vor dieser perfekten Schöpfung und weiß, ich bin ein Teil des großen Ganzen.
Ich bin.

7. KRONEN-CHAKRA

Vollendung, universelles Bewusstsein

Danksagung

Ich bedanke mich bei der Gemeinde Salzhausen, die mir im Rahmen der Dr. Gerhard-Denckmann-Stiftung, vertreten durch die Vorsitzende Elsabe Rolle, die Gelegenheit gab, meine Mandalas mehrere Wochen auszustellen. In dieser Zeit entstand die Idee der Chakra-Mandala-Meditation.

Danke auch meiner langjährigen Freundin Friedburg Hüllmann für die gemeinsamen Forschungsarbeiten in unseren Chakra-Seminaren und den bis heute fruchtbaren Erfahrungsaustausch.

Auch bei meinem Reikimeister Horst H. Günther bedanke ich mich für die wichtigen Tipps zur Veröffentlichung dieser Meditationsfibel.

Danke all denen, die sich vor mir mit diesem Wissen beschäftigt haben und mich inspirierten.

Ich bedanke mich für das Interesse der Leser und freue mich, wenn Ihnen meine Chakra-Mandala-Meditation Entspannung gibt und Ihre Lebensenergie aktiviert.

Kontaktinformationen

Wenn Sie sich für ein Originalmandala oder für das Seminarangebot von Christa Roth interessieren, finden Sie Informationen unter www.christa-roth.de

Eine CD mit musikalischer Untermalung und den Meditationstexten für das erste bis siebte Chakra erscheint im Frühjahr 2008.

MEDITIEREN KANN JEDER,
ES IST DAS VÖLLIGE EINLASSEN AUF
DEN AUGENBLICK.

Die Chakra-Mandala-Meditation ist eine neue Meditationsform, die wirkungsvoll entspannt, die Chakren harmonisiert und die Lebensenergie aktiviert. Mit Beispielen aus dem täglichen Leben informiert sie klar und einleuchtend über die sieben Hauptchakras.
Zu jedem Chakra wurde ein Mandala mit den entsprechenden Symbolen und Farben gemalt. Verbunden mit den heilenden Texten zu den sieben Chakra-Themen, stärkt diese Meditation sofort das menschliche Energiefeld. Altes Wissen und Kunst haben sich hier fruchtbar vereint.

Diese Meditationsfibel kann Ihr täglicher Begleiter werden. Sie können sie in der Bahn lesen, auf den Schreibtisch stellen oder bei sich Zuhause an die Wand hängen. Die Chakra-Mandala-Meditation ist für Anfänger genauso geeignet wie für Fortgeschrittene.

***Christa Roth**, Jahrgang 1951, Ganzheitliche Lebensberaterin, Reikimeisterin und Künstlerin empfindet ihre Tätigkeit als Berufung. Sie ist stolze Mutter von zwei erwachsenen Kindern, lebt und wirkt auf einem schönen Heidebauernhof in der Nähe von Lüneburg.*

BERK Verlag

ISBN: 978-3-9811901-1-3
9 783981 190113